少林武术精粹系列丛书

少林拳（八）

德虔　德炎　编著

北京体育大学出版社

责任编辑：任　侠
责任校对：赵红霞
版式设计：李　鹤

图书在版编目（CIP）数据

少林拳. 八 / 德虔, 德炎编著. -- 北京 : 北京体育大学出版社, 2022.1
（少林武术精粹系列丛书）
ISBN 978-7-5644-3570-7

Ⅰ. ①少… Ⅱ. ①德… ②德… Ⅲ. ①少林拳－套路(武术) Ⅳ. ①G852.15

中国版本图书馆CIP数据核字(2022)第007608号

少林拳（八）
SHAOLINQUAN(BA)
德虔　德炎　编著

出版发行：北京体育大学出版社
地　　址：北京海淀区农大南路1号院2号楼2层办公B-212
邮　　编：100084
网　　址：http://cbs.bsu.edu.cn
发 行 部：010-62989320
邮 购 部：北京体育大学出版社读者服务部 010-62989432
印　　刷：北京昌联印刷有限公司
开　　本：880mm × 1230mm　　1/32
成品尺寸：148mm × 210mm
印　　张：2.25
字　　数：44千字
版　　次：2022年1月第1版
印　　次：2022年1月第1次印刷
定　　价：13.80元

（本书如有印装质量问题，请与出版社联系调换）

前　言

武术作为中国的国粹，是中华民族传统文化的组成部分。家喻户晓的少林武术便是其中极具代表性的门类，是中国武术的重要象征。

我社与少林武术结缘已久，伴随着时光的流逝，有多种内容、多样组合、各种形式的载有少林武术的出版物，源源不断地从我社注入市场，为方兴未艾的少林武术热潮平添了更高的热度。可以说，少林武术图书一直与我社相伴相随，成为我社具有长期出版价值的图书门类。其中，少林武术图书的编纂者——已故的王长青（法号释德虔）先生功不可没。他经年累月锲而不舍，寻于寺院、觅于乡间，挖掘出大量尘封的少林武术资料，继而分门别类梳理、整饬成一册册书稿，并与我社携手努力，打造出独树一帜的武术图书板块，为我社的武术图书出版打开了新局面。

今天，在着力弘扬中华优秀传统文化，树立和增强文化自信的大背景下，我社将以往出版的少林武术书籍重新进行了编排，以全新的面貌推出“少林武术精粹系列丛书”，这是我社多年来少林武术出版情结的延续，是对积累和沉淀的少林武术资源的再一次整合与展示，更紧密契合了时代的要求。

通过这套书，读者可以研习刚柔相济、闪转腾挪的少林功夫，可以感悟其中凝结的中华智慧，可以领略武术文化的博大精深……这便是我社对这套书出版价值的期待。

目　录

少林炮拳

动作名称

预备势

1.掩手起把

2.落把砸拳

3.摘心捶

4.枯树盘根

5.双磕肘

6.虎抱头

7.云顶七星

8.单　鞭

9.虎抱头

10.双关铁门

11.撩阴脚

12.左斜形

13.双关铁门

14.左斜形

15.劈　腿

16.右斜形

17.十字采脚

18.摘心捶

19.枯树盘根

20.倒步格拳

21.双磕肘

22.拦腰捶

23.黑虎蹬山

24.摆　肘

25.撅　柴

26.双峰贯耳

27.劈　腿

28.斜　形

29.迎面沙

30.云顶七星

31.单　鞭

32.右卧枕

33.左卧枕

34.右卧枕

35.摘心拳

36.枯树盘根

37.双磕肘

38.鹞子翻身

39.拐　肘

40.撅　柴

41.双峰贯耳

42.斜　形

43.拐毛篮

44.卧地炮

45.拦腰拳

46.斜　形

47.推山掌

48.拐　肘

49.鹞子翻身

50.金鸡独立

51.束　身

52.五指朝凤

53.云顶七星

54.单　鞭

55.坐　山

收　势

动作图解

预备势

两脚并步站立；两臂下垂，两掌附于大腿外侧，掌心向里，身体挺直；目视前方。（图1）

接上势，抬左脚向左跨半步；同时两掌变拳，抱于腰间；目视前方。（图2）

图 1　　图 2

1.掩手起把

向左转体90度，抬右腿向前提膝；同时左拳变掌，向内屈肘旋腕；再抬右拳由内向外向上，架肘抖拳；左掌向左推掌，护于右肘下方；目视前方。（图3）

2.落把砸拳

右脚下落于左脚前一步，两腿成右弓步；同时右拳向前下方砸击，左掌变拳抱于腰间；目视前方。（图4）

图 3

图 4

3.摘心捶

以两脚为轴，向左转体180度，两腿成左弓步；同时右拳随身由下向前向上，屈肘冲击；左臂由外向内屈肘，左拳附于右肘内侧；目视右拳。（图5）

图 5

4.枯树盘根

右脚移于左脚后外侧，向右转体180度，两腿全蹲成歇步；同时右拳随身 向右下方砸击；左拳抱于腰间；目视右拳。（图6①）

接上势，左脚后退一步，两腿全蹲成歇步；同时左拳向前下方砸击，右拳抱于腰间；目视前方。（图6②）

①　　②

图 6

5.双磕肘

起身，左脚向后退一步，向左转体90度，两腿半蹲成马步；同时两拳由右向左抖拳磕肘；目视左侧。（图7）

6.虎抱头

收右脚落于左脚内侧，脚尖点地，成右丁字步，两腿半蹲；同时左拳向右往上再往外向下反上画弧一圈半，然后上架于头上前方；右拳由下向上往下画弧一圈，屈肘向内，拳停腹左侧，拳心向下；目视前方。（图8）

图 7

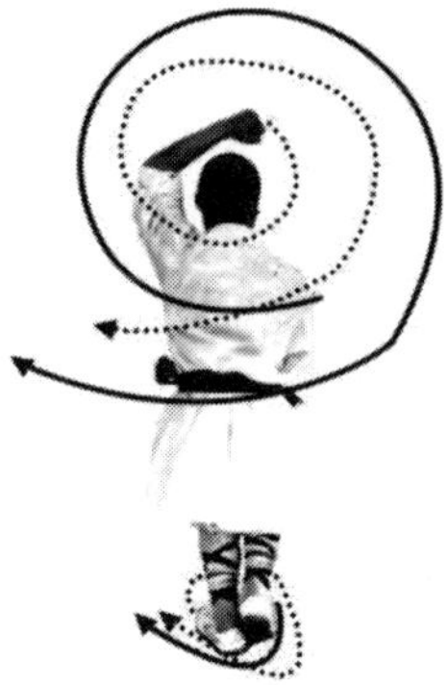

图 8

7.云顶七星

抬右脚向后落一步，向右转体270度；转身后右脚在前，再抬左脚向前上一步，与右脚成并步，左脚跟提起，成左丁步，两腿半蹲；同时两拳变掌，向头上左右画弧；然后右掌变拳，向前冲击；左臂屈肘向内，左掌护于右肘内侧；目视右拳。（图9）

8.单　鞭

左脚向左跨一步，向左转体90度，两腿半蹲成马步；同时两拳由内向两侧展臂击出；目视左拳。（图10）

9.虎抱头

收左脚落于右脚内侧，脚跟提起成左丁步，两腿微蹲；同时右拳由上向下再向上画弧一圈半，然后上架于头前方；左拳由上往外画弧，向内屈肘横击，停于下腹右侧；目视左侧。（图11）

10.双关铁门

左脚向左开半步，向左转体90度，两腿微蹲成虚步；同时两拳向前，纵屈肘冲拳，左拳高与肩平，右拳护于左肘内侧；目视左拳。（图12）

图 9

图 10

图 11

图 12

11.撩阴脚

两拳不变；右脚向前上半步，抬左腿向前弹踢；目视前方。（图13）

12.左斜形

左脚下落于右脚前一步，使两腿成左弓步；同时展臂两拳向左斜行。（图14）

图 13

图 14

13.双关铁门

收左脚向后退半步，两腿微蹲成左虚步；同时两臂屈肘冲拳，左拳高与肩平，右拳护于左肘内侧；目视左拳。（图15）

14.左斜形

左脚向前上半步，两腿成左弓步；同时展臂两拳向左斜行。（图16）

15.劈　腿

抬右腿向前向上弹踢；同时右拳由上向下沿右大腿外侧下劈，左拳抱于腰间。（图17）

16.右斜形

右脚下落于左脚前一步，两腿成右弓步；同时展臂两拳向右斜行。（图18）

图 15

图 16

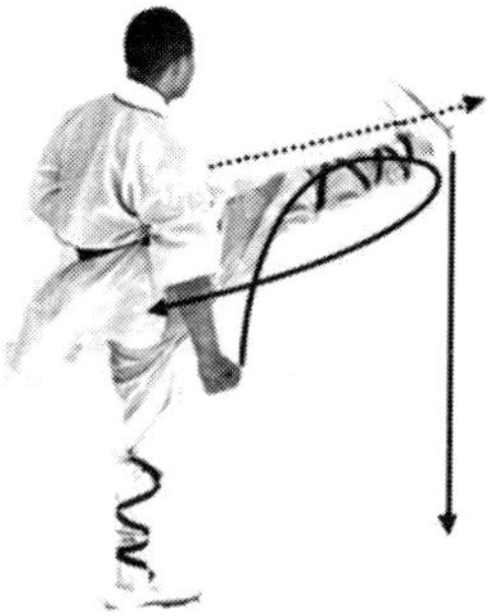

图 17

图 18

17.十字采脚

抬左腿向前弹踢；右拳变掌，向前拍击左脚面（响亮），左拳抱于腰间。（图19）

接上势，左脚下落于右脚前一步，抬右腿向前弹踢；左拳变

掌，向前拍击右脚面（响亮）；右掌变拳，抱于腰间。（图20）

接上势，右脚下落于左脚前一步，抬左腿向前弹踢；右拳变掌，向前拍击左脚面（响亮）；左掌变拳，抱于腰间；目视右掌。（图21）

图 19

图 20

图 21

18.摘心捶

左脚向后落于右脚后一步，向左转体180度，两腿成左弓步；同时右掌变拳，向前屈肘冲击；左臂屈肘，左拳变掌，附于右肘上；

目视右拳。（图22）

19.枯树盘根

抬右脚向前上一步，落于左脚后外侧一步，向右转体180度，两腿全蹲成歇步；同时右拳由上向前下方砸击，左掌变拳，抱于腰间；目视前方。（图23）

图 22

图 23

20.倒步格拳

左脚向后退一步，落于右脚后，半跪，两腿全蹲；同时左拳由上向下砸击，右拳抱于腰间；目视前方。（图24）

21.双磕肘

起身，以两脚为轴，向右转体90度，两腿半蹲成马步；同时两拳随身由下向上，屈肘抖拳，高与肩平；目视右侧。（图25）

图 24

图 25

22.拦腰捶

两脚向左侧横滑半步，向左转体180度，右脚再向前落一步，两腿成高马步；同时两拳变掌，向前往后拦，然后变拳，右拳向右前方撩打，左拳向内护于右肘内；目视右侧。（图26）

以右脚为轴，向右转体180度，抬左腿向左提膝；两拳变掌，翻臂附于左脚跟部；目视左侧。（图27）

图 26

图 27

23.黑虎蹬山

右脚支撑，左脚不落地，向左侧弹蹬；两掌相附在腹前下方；目视左侧。（图28）

24.摆　肘

左脚下落于右脚前一步，两腿成左弓步；同时右掌变拳，由外向内向前摆肘；左掌向右向前拍打右肘内侧（响亮）；目视肘尖。（图29）

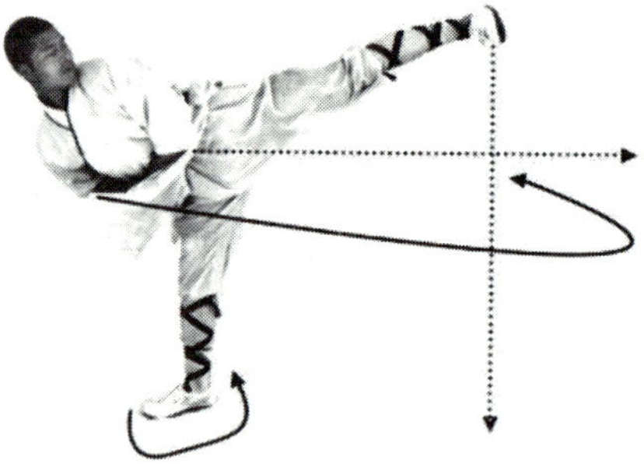

图 28

图 29

25.撅　柴

以两脚为轴，向右转体180度，两腿成拖步，两腿微蹲；右拳变掌，与左掌同时向前，屈肘翻腕变拳，亮于胸前。（图30）

接上势，左脚向前上一步，与右脚成并步，两腿全蹲；同时两拳由上向下向两侧下方劈拳；目视前方。（图31）

图 30

图 31

26.双峰贯耳

起身，并步不变；两臂由下向上向两侧展臂，然后由两侧向内屈肘抖拳，高与肩齐；目视前方。（图32）

27.劈　腿

左脚向前上半步，抬右腿向前弹踢；右拳由上向下沿右腿外侧下劈，左拳抱于腰间；目视左前方。（图33）

图 32

图 33

28.斜　形

右脚下落于左脚前一步，两腿成右弓步；同时两拳会于胸前，由内向外屈肘展臂向右斜行。（图34）

29.迎面沙

左脚向前上一步，两腿成左弓步；同时右拳由下由后向前向上揣击；左拳变掌，向前向上拍击右拳。（图35）

图 34

图 35

30.云顶七星

向右转体180度，抬右脚向前上一步，再抬左脚向前上一步，与右脚成并步，然后左脚跟提起，成左丁字步，两腿半蹲；同时左掌从头上向后画弧，右拳从头上由后往前画弧，两手会合腰间时左掌变拳，两拳向前冲出；目视两拳。（图36）

31.单　鞭

左脚向后退一步，向左转体90度，两腿半蹲成马步；同时两

拳由胸前向两侧展臂侧击；目视左拳。（图37）

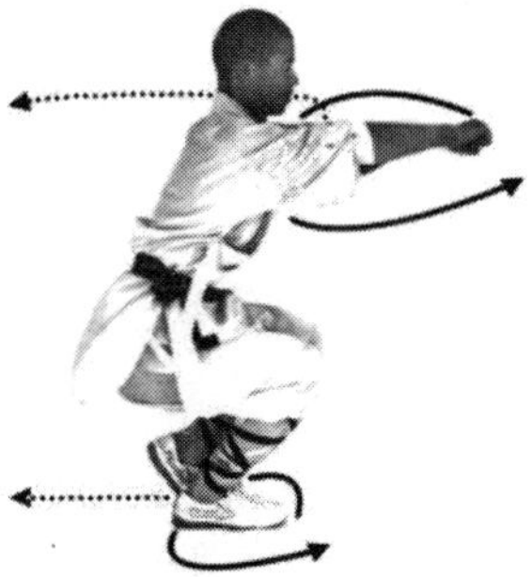

图 36

图 37

32.右卧枕

向左转体90度，抬右脚向前上一步，两腿成右弓步；同时右拳随身由下向上往下抡一周，向右屈肘，拳平耳下；左拳由上向下绕一周，然后向内下栽于裆前；目视左侧。（图38）

33.左卧枕

抬左脚向前上一步，向右转体90度，两腿成左弓步；同时右拳由上向下抡一周，然后下栽裆前；左拳由下向上再反上绕一周半，屈肘抖拳，高与耳平；目视右侧。（图39）

图 38

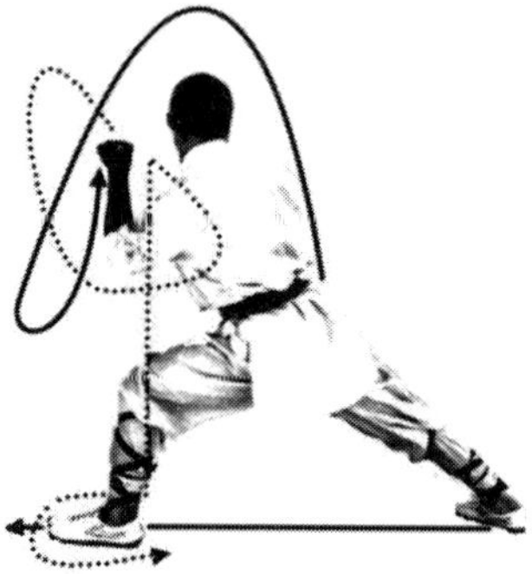

图 39

34.右卧枕

向左转体90度，上右脚成右弓步；依上法右臂屈肘，右拳上冲，左拳向下栽击；目视左侧。（图40）

35.摘心拳

以两脚为轴，向左转体180度，两腿成左弓步，同时右拳向前屈肘冲击；左臂屈肘，左拳变掌，附于右肘内侧；目视右拳。（图41）

36.枯树盘根

向右转体180度，抬右脚后退一步，两腿全蹲；右拳向前下方劈击，左掌变拳抱于腰间；目视前方。（图42）

起身，左脚向后退一步，两腿全蹲；同时左拳向前下方劈击，右拳抱于腰间，目视前方。（图43）

图 40

图 41

图 42

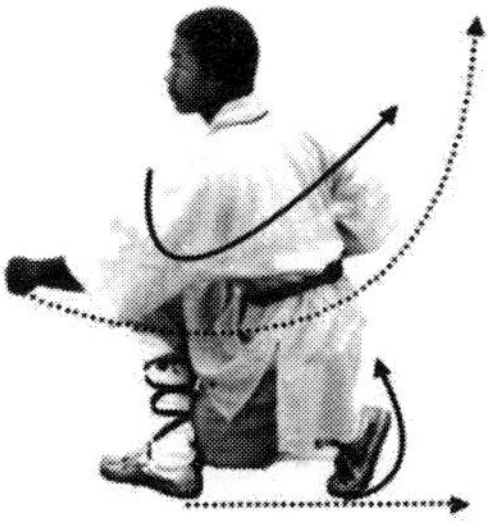

图 43

37.双磕肘

起身，左脚后退一步，以两脚为轴，向左转体90度，两腿半蹲成马步；同时两拳由上向下，屈肘抖拳；目视右侧。（图44）

38.鹞子翻身

抬两脚向右转身（180度）跳步，两脚落地成左仆步；同时左拳变掌，向左侧下方搂打；右拳抱于腰间；目视左侧。（图45）

图 44

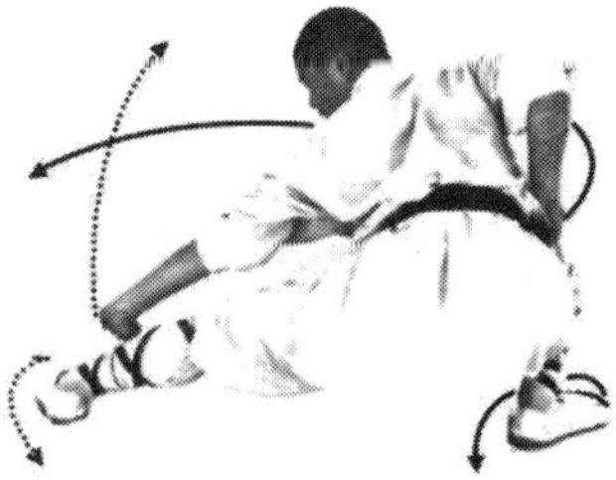

图 45

39.拐　肘

起身，以两脚为轴，向左转体90度，两腿成左弓步；同时右拳由后向前，拐肘左摆，左掌向右拍打右肘；目视右肘。（图46）

图 46

40.撅　柴

以两脚为轴，向右转体180度，左脚稍向后移，两腿成拖步，两腿微蹲；同时右拳变掌，两拳向前抓打，然后向内翻腕变拳，屈肘

冲击；目视两拳。（图47）

接上势，抬左脚向前上半步，震左脚，与右脚成并步，两腿全蹲；同时两拳向前两侧砸；目视前方。（图48）

图 47

图 48

41.双峰贯耳

起身，两脚不动；两拳由下向上，由外向内合击，高与颌平；目视前方。（图49）

42.斜　形

抬右腿向前弹踢；右拳由上向下沿右腿外侧劈击，左拳抱于腰间。（图50）

接上势，右脚下落左脚前，两腿成右弓步；同时两拳环臂向右斜行；目视右后侧。（图51）

图 49

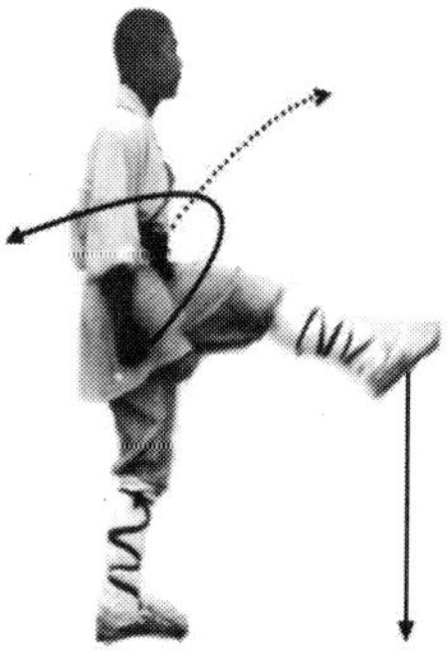

图 50

图 51

43.拐毛篮

右拳变掌，由后向上向前往左撩手，然后变拳，随体左转90度，向上架肘；左拳变掌，随身向后撩打；同时抬右腿向前提膝。（图52）

44.卧地炮

右脚下落震脚，与左脚成并步，两腿全蹲；同时右拳与左掌在胸前下方相击（响亮）；目视两手。（图53）

45.拦腰拳

右脚向右跨一步，右拳向前往后拦于腰间；然后向右转体90度，左脚向前上一步，两腿成左弓步；同时左掌变拳向前冲击，右拳抱于腰间；目视左拳。（图54）

图 52

图 53

图 54

46.斜　形

向右转体180度，右脚向后退一步；然后两拳变掌展臂向左斜行；目视左侧。（图55）

47.推山掌

以两脚为轴，向右转体180度，右脚向前上半步，两腿成右弓步；同时右掌向前推出；左臂屈肘，左掌端于腰间；目视右掌。（图56）

图 55

图 56

48.拐　肘

以两脚为轴，向左转体180度，两腿成左弓步；同时右掌变拳，由后向前拐肘；左掌由外往内拍打右肘；目视右肘。（图57）

49.鹞子翻身

先抬右脚，后抬左脚，向右转身（90度）跳步，两脚落地成左仆步；同时左掌由上向左侧前下方撩打；右拳抱于腰间。（图58）

图 57

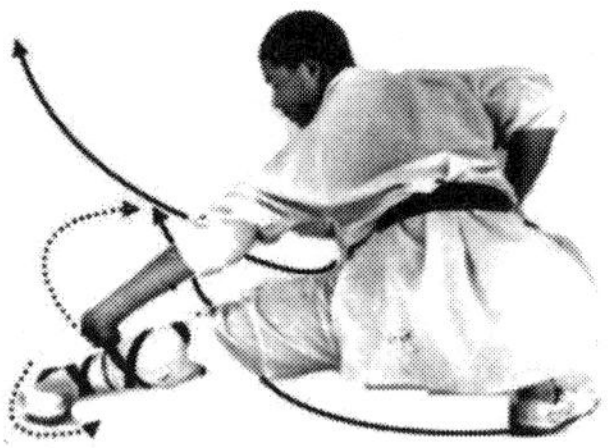

图 58

50.金鸡独立

起身，向左转体90度，抬右腿向前提膝；同时右臂屈肘，右手向前抢掌；左掌顺势托于右肘下方；目视右掌。（图59）

51.束　身

右脚向后落一步，向右转体90度，收左脚与右脚并步，两腿全蹲，左脚跟提起成左丁字步；同时左臂屈肘，左掌停于右肩前，掌心向外；右掌由上往右下方切掌，然后变勾手；目视右侧。（图60）

52.五指朝凤

起身，右脚不动，抬左腿向前提膝；同时两掌变成勾手，左手由上向下往后勾，右臂屈肘，右手由下往上后勾；目视左前方。（图61）

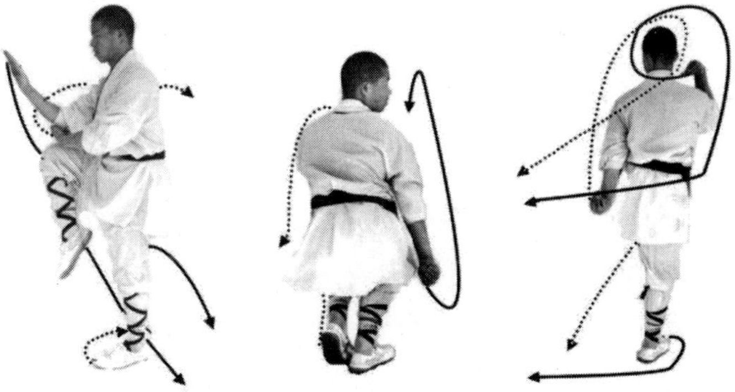

图 59　　图 60　　图 61

53.云顶七星

左脚下落于右脚左侧，并以左脚为轴，抬右脚随体右转270度，转身后右脚落于左脚前半步，再抬左脚向前上半步，与右脚成并步；同时两手随身在头上云旋，然后变拳，向前冲击，左拳附于右腕内侧；目视右拳。（图62）

54.单　鞭

左脚后退一步，向左转体90度，两腿半蹲成马步；两拳由内向两侧冲击；目视左侧。（图63）

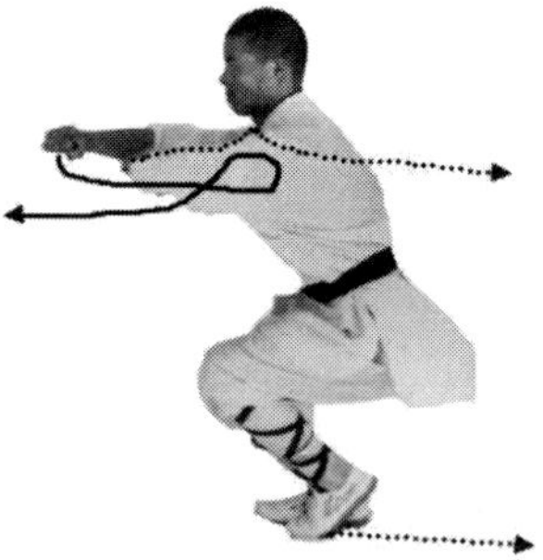

图 62

图 63

55.坐　山

抬两腿向左横跳一步，两腿仍成马步；同时两拳会于胸前画弧，右拳由下向上架于头上前方；左拳由上向下栽击，落于左大腿上；目视左侧。（图64）

收　势

收左脚向内，与右脚成并步；同时右拳由上向下、左拳由下向上画弧，然后两拳抱于腰间；目视左侧。（图65）

图 64

图 65

少林小炮拳

动作名称

预备势

1.青龙献爪

2.追风炮

3.猛虎扑食

4.飞云炮

5.狮子张口

6.开路炮

7.白鹤亮翅

8.连环炮

9.金托滚背

10.翻身炮

11.猿猴摘桃

12.括边炮

13.梅鹿卧枕

14.转身炮

15.豹子翻山

16.当头炮

17.白蛇吐信

18.地雷炮

19.鸿雁斜翅

20.冲天炮

21.平心炮

22.五花坐山

收　势

动作图解

预备势

两脚并拢立正；两手握拳置于腰间；身体挺直；目视前方。（图1）

1.青龙献爪

向左转体90度，左脚前上一步，脚尖点地，成左虚步；两拳变爪（五指向内微屈），经外侧向上向里绕弧，至胸前再前抓，屈肘置于胸前，手心向下，左手稍高于右手；目视两手。（图2）

图 1

图 2

2.追风炮

左脚踏实，接着前上一步，右脚跟上并步，震脚（响亮）；同时两手变拳，右拳由后向前冲击，拳心向下，高与肩平；左拳抱于腰间；目视右拳。（图3）

图 3

3.猛虎扑食

右拳收回腰侧，右脚前跳一步，上体稍向左转；接着右拳变掌，由后经上向前下方猛抓；左腿向后屈膝撩踢，左拳抱于腰间，肘向后顶；上身前倾；目视右拳。（图4）

4.飞云炮

起身，左脚后落一步，向左转体180度，右脚前上并步震脚（响亮）；右拳经外向上画弧掠过，再向前上方屈肘冲击，拳心向左，高与肩平；左拳抱于腰侧；目视右拳。（图5）

5.狮子张口

抬右脚前上一步，两拳同时向右侧击出，右拳在上，左拳在下，两拳心向右；目视两拳。（图6）

接着向左转体180度，上右脚成右弓步；两拳随势由右向左冲击，拳心向外，左臂在上，右臂在下，目视两拳；顺势右脚后撤一步，向右转体180度，左脚前上一步，屈膝成左弓步；同时两拳变掌，右掌向外画弧后架于头右上方，掌心向前；左掌由右腋下抖腕后向左下方斜劈，置于左膝上，掌心斜向前；目视前方。（图7）

图 4

图 5

图 6

图 7

6.开路炮

重心前移，左腿支撑，顺势右腿向前上方弹踢，脚面绷直；同时出右掌拍击右脚面（响亮）；左掌变拳抱于腰间；目视右掌。（图8）

7.白鹤亮翅

右脚落于左脚后一步，向右转体90度；同时右掌变拳与左拳同时收回腰侧，在胸前抖腕后变掌，分别向两侧上方斜穿，两掌心向上；同时左腿提膝成独立势；目视前方。（图9）

图 8

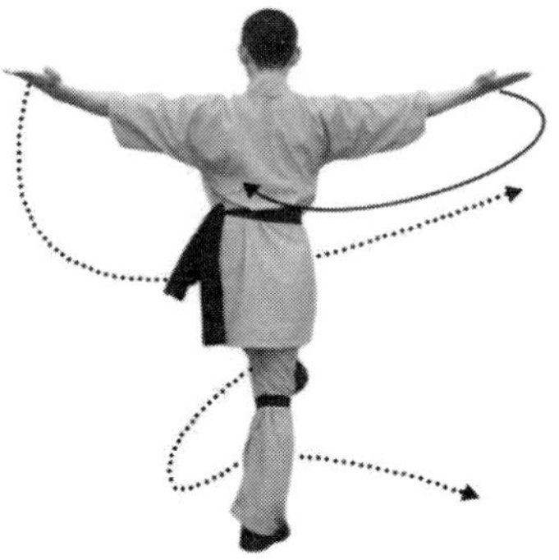

图 9

8.连环炮

左脚下落，两脚踉地，向右转体90度，左脚前上一步，左腿屈膝前弓，右腿蹬直成左弓步；两掌变拳，左拳由后向前冲击，拳心向下；右拳抱于腰间；目视前方。（图10）

接着速起右脚前上一步，与左脚并步震脚（响亮）；两拳在胸前抖腕，经后向上向前绕弧冲出，高与肩平，拳心向下；目视两拳。（图11）

9.金托滚背

左脚向右后方撤一步，两脚踝地，两腿成叉步，顺势向左转体90度；两拳变掌，经左向上再向右绕弧掠掌，两掌心向下；目视右掌。（图12）

图 10

图 11

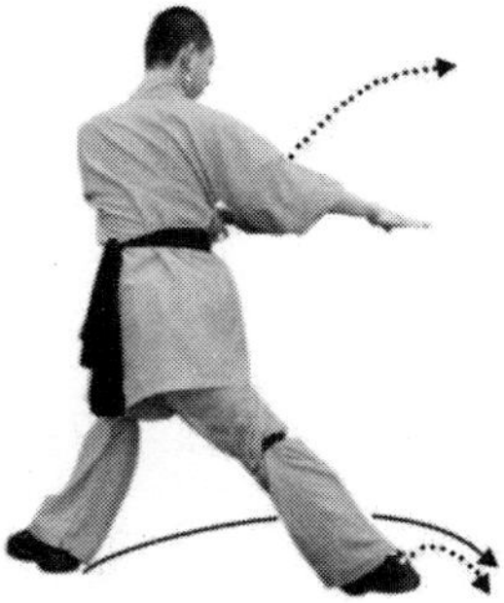

图 12

10.翻身炮

两脚同时跳起，向右转体90度，两脚并步；两掌随势上抡，接

着变拳向前冲击，两拳眼相对，高与肩平。（图13）

右脚后撤一步，向右转体90度，抬左脚与右脚并步震脚（响亮）；左拳变掌向下画弧，右拳向上画弧在胸前相击（响亮）；目视前方。（图14）

图 13

图 14

11.猿猴摘桃

右脚向右跳一步，向右转体90度，左腿提膝成独立势；顺势两手成五花掌向右上方抓（似双手摘物），上体右探；目视前方。（图15）

12.括边炮

左脚后落一步，向左转体90度，两腿屈膝成马步；两臂向前内屈，两掌变爪由上向外再向内拨，两手于胸前相击；目视前方。（图16）

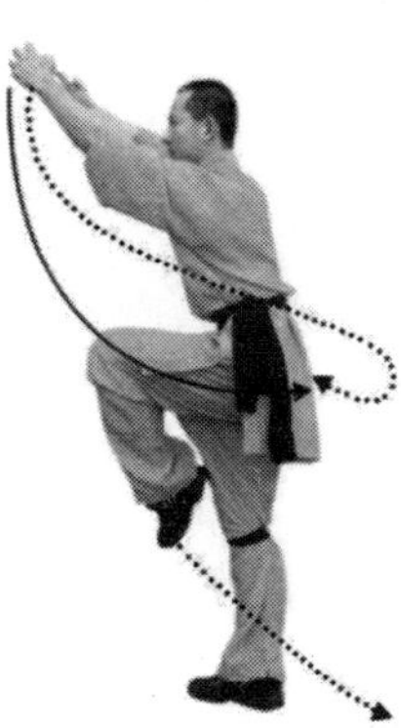

图 15

图 16

13.梅鹿卧枕

两脚同时起跳，向右转体180度，左脚前摆，右脚后伸，落地左腿屈膝，右腿蹬直成左弓步；同时两手变拳在胸前环弧。左臂经右腋下向左屈肘夹肋冲击，左拳上架于左耳侧；右拳随势右掠，后摆伸直，置于右大腿外侧；上体向左倾；目视前方。（图17）

14.转身炮

起身，向右转体90度，左脚前上一步，左腿屈膝，右腿蹬直成左弓步；同时左拳由后向前冲击，拳心向下；右拳内旋抖腕后抱于腰间；目视前方。（图18）

图 17

图 18

15.豹子翻山

左腿后退一步成右虚步；两拳变掌，左掌向左后方掠，右掌绕头向左画弧架于头上方。（图19）

接着向右转体90度，抬右脚向左跳一步，左腿向左伸直，右腿全蹲成左仆步；右拳抱于腰间，左拳变掌下按；目视左侧。（图20）

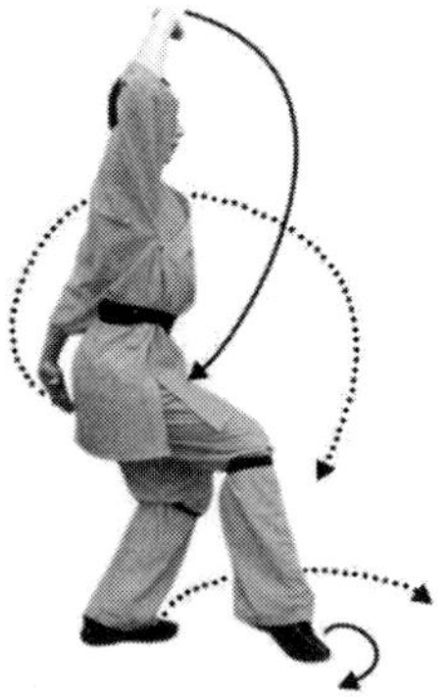

图 19

图 20

16.当头炮

起身，向左转体90度，右脚前上一步，屈膝略蹲，左腿蹬直成右弓步；同时左掌变拳向外画弧后上架于头前上方，拳心向前；右拳由后向上再向前冲击，高与肩平，拳心向下；目视右拳。（图21）

17.白蛇吐信

右脚前跳一步，左脚随之前上一步，屈膝略蹲，右腿蹬直成左弓步；两拳变掌，右掌经外从腋下绕弧向前抢出，掌心斜向上，掌指斜向前；左掌内旋后平端于腰侧；目视右掌。（图22）

左脚前上一步，再抬右脚前跳一步，左腿向后屈膝，左脚随势上翘，上体前探；右掌顺势向前平抢，掌心斜向上，掌指斜向前；左掌变拳抱于腰间；目视右掌。（图23）

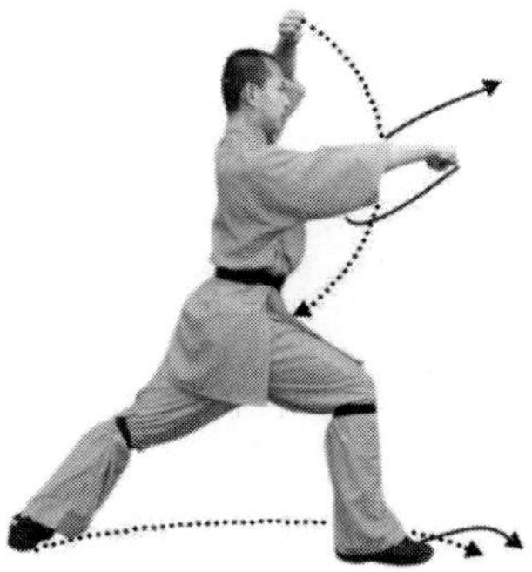
图 21

图 22

图 23

18.地雷炮

左脚下落于右脚后一步，向左转体90度，右脚与左脚并步震脚（响亮）。（图24）

两脚同时向左跳一步，两腿屈膝成马步；两掌变拳，由外画弧后向下砸击，落于两腿中间，拳心向里；目视前方。（图25）

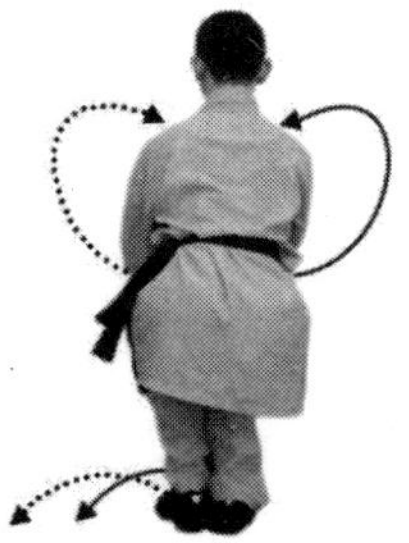

图 24

图 25

19.鸿雁斜翅

起身，提左膝成独立势，脚尖向下；两拳变掌，由胸前向两侧伸展；目视前方。（图26）

20.冲天炮

左脚向右落一步，向右转体90度，右脚前上一步，右腿屈膝，左腿蹬直成右弓步；同时两掌变拳经胸前抖腕，右拳向前直臂冲击，左拳抱于腰间；目视右拳。（图27）

图 26

图 27

21.平心炮

右脚后撤一步，向右转体90度，抬左脚与右脚并步震脚（响亮）；同时左拳变掌与右拳在胸前相击（响亮）；目视前方。（图28）

22.五花坐山

先抬右脚，后抬左脚，向左跳一步，两腿下落屈膝成马步；左掌变拳，两拳向相反方向相劈；右拳向外画弧，架于头前上方，拳

心向前；左拳内旋后垂臂下砸于左膝上；目视左侧。（图29）

收 势

起身，收左脚与右脚并拢立正，身体挺直；两手抱拳收于腰间；目视前方。（图30）

图 28

图 29

图 30

少林二路小炮拳

动作名称

预备势
1.三冲炮
2.连三捶
3.转身虎抱头
4.猛虎抖威
5.右弓步架打
6.左弓步架打
7.二起脚
8.连三冲拳
9.弯弓射雁
10.弓步偷手
11.麒麟亮掌
12.二郎担山
13.打虎势
14.二起脚
15.连三拳
16.弯弓射雁
17.打虎靠山
18.二起脚
19.连三拳
20.旋风脚
21.二郎担山
22.连环拳
23.打虎靠山
24.顺步单鞭
25.连环脚
26.罗汉藏镖
27.收兵观阵
收　势

动作图解

预备势

两脚并拢立正；两臂下垂，两手五指并拢，贴于大腿外侧，掌心向里，掌指向下；身体挺直；目视前方。（图1）

1.三冲炮

两脚不动；右掌向右上方举臂上冲，掌心向上；同时左掌变拳抱于腰间；目视前方。（图2）

上动不停，左拳变掌向左上方冲击；同时右臂屈肘，右掌变拳由上向下抱于腰间；目视前方。（图3）

上动不停，举臂上冲右拳，落左拳抱于腰间；目视前方。（图2）

图 1

图 2

图 3

2.连三捶

右脚原地震脚向右跨一步，两脚踉地，向右转体90度，成右弓步；同时右掌变拳向前冲击，拳心向下；左拳抱于腰间；目视右

拳。（图4）

上动不停，右弓步不变；左拳向前冲击，拳心向下；右拳抱于腰间；目视左拳（图5）；接着再打右拳，收左拳。（图6）

图 4

图 5

图 6

3.转身虎抱头

两脚踴地，向左转体90度成右弓步；同时右拳向下向上画弧，然后架于头右侧上方，拳心向前；左拳由左向右横击，落于腹前，

拳心向里；目视左侧。（图7）

4.猛虎抖威

两脚踬地，向左转体90度成左弓步；两拳变掌，向外抓，然后变拳抱于腰间；目视前方。（图8）

上动不停，抬右腿向前上方弹踢，脚面绷平；同时右拳变掌，向前拍击右脚面；左拳抱于腰间；目视右脚。（图9）

图 7

图 8

图 9

5.右弓步架打

右脚落于左脚前一步，右腿屈膝成右弓步；同时右掌变拳，由内向外画弧，然后架于头前上方，拳心向前；左拳向前冲击，拳心向下；目视左拳。（图10）

6.左弓步架打

抬左腿向前向上方弹踢，脚面绷直；同时两拳变掌，右掌向外拦抓，然后变拳，抱于腰间，拳心向上；左掌向前拍击左脚面（响亮）；目视左脚。（图11）

上动不停，左脚落于右脚前一步，左腿屈膝成左弓步；同时左掌变拳，由内向外画弧，然后架于头前上方，拳心向前；右拳向前冲击，拳心向下；目视右拳。（图12）

图 10

图 11

图 12

7.二起脚

右脚向前上一步，两脚向前起二起脚；当全身腾空时，两拳变掌，右掌向前拍击右脚面，左掌向左侧撩出；目视右掌。（图13）

8.连三冲拳

右脚下落于左脚前一步，右腿屈膝成右弓步；同时右掌变拳，由后向前冲击，拳心向下；左掌变拳抱于腰间；目视右拳。（图14）

上动不停，两脚不动，仍成右弓步；右拳收回抱于腰间，左拳向前冲击，拳心向下；目视左拳。（图15）

上动不停，收回左拳，抱于腰间，再冲右拳；目视右拳。（图16）

图 13

图 14

图 15

图 16

9.弯弓射雁

两脚踝地，向左转体180度成左弓步；同时左拳随势上架于头上左侧，拳心向前；右拳向右侧撩打，拳心向下；目视右侧。（图17）

10.弓步偷手

右脚不动，左脚略收再向左跨步，向右转体180度，两腿成右虚

步；同时两拳变掌向胸前环劈；然后左掌收于左腰间；右掌向前推出，掌心向前，掌指向上；目视右掌。（图18）

图 17

图 18

11.麒麟亮掌

右脚移于左脚前一步，向左转体180度，两腿屈膝成右虚步；同时左掌由内向后上方撩，然后变成勾手，置于头上；右掌变拳向左推出，拳心向下；目视右拳。（图19）

12.二郎担山

右脚向后移一步，震脚，两脚踬地，向右转体180度，左脚前上一步，屈膝成左弓步；同时左掌变拳，两拳经胸前随势向前后展臂冲击，右拳在前，左拳在后，拳心向下；目视右拳。（图20）

上动不停，两脚踬地，向右转体180度成右弓步；同时两拳随势于胸前环劈，然后向前冲出，右拳在前，左拳在后，拳心向下；目视右拳。（图21）

图 19

图 20

图 21

13.打虎势

两脚踬地，向左转体180度，右脚前上半步，左脚略收再上步，脚尖点地，成左虚步；同时两拳随势于体前环劈；转身后，右拳架于头前上方，拳心向前；左拳下砸于左腿上，拳心向后；目视前方。（图22）

14.二起脚

左脚踏实，右腿向前上方弹踢；当全身腾空时，两拳变掌，右掌向前拍击右脚面（响亮），左掌向后撩，然后收于腰间；目视右掌。（图23）

图 22

图 23

15.连三拳

右脚下落于左脚前，屈膝成右弓步；同时两掌变拳，右拳向前冲击，拳心向下；左拳抱于腰间；目视右拳。（图24）

上动不停，右拳收回，抱于腰间，拳心向上；左拳向前冲击，拳心向下；目视左拳。（图25）

上动不停，左拳经外绕弧收回，抱于腰间；再冲右拳；目视右拳。（图26）

16.弯弓射雁

左脚前上一步，两脚踉地，向左转体90度，屈左膝成左弓步；

同时左拳由下向上冲，架于头左上方，拳心向前；右拳略收再向前冲击，拳心向下；目视右拳。（图27）

图 24

图 25

图 26

图 27

17.打虎靠山

两脚踉地，向左转体90度，左脚收回，脚尖点地成左虚步；右拳向前撩打，然后架于头右侧前上方，拳心向前；左拳前栽于左膝上，拳心向后；目视前方。（图28）

18.二起脚

左脚前摆，右脚随势向前上方踢出，起二起脚；当全身腾空时，右拳变掌向前拍打右脚面（响亮），左拳抱于腰间；目视右掌。（图29）

图 28

图 29

19.连三拳

右脚落于左脚前一步，屈膝成右弓步；同时右掌变拳，向前冲击，拳心向下；左拳抱于腰间；目视前方。（图30）

图 30

上动不停，收右拳抱于腰间，左拳向前冲击，拳心向下；目视前方。（图31）

上动不停，收左拳再冲右拳；目视右拳。（图32）

图 31

图 32

20.旋风脚

两脚左旋，右脚尖内扣；两拳变掌经内侧向外绕弧，右臂摆于右后方，左掌置于右胸前，上体前屈。（图33）

上动不停，重心右移，右腿屈膝蹬地跳起，左腿提起向左后上方摆动，上体向左后方旋转；同时两臂向下向左后上方抡摆，身体在空中旋转一周，右腿向前上方弹踢，左掌向前迎击右脚掌；目视前方。（图34）

21.二郎担山

两脚落地，左脚后退一步，两脚踝地，向左转体90度，屈左膝成左弓步；同时两掌变拳，左拳由内向外画弧，然后架于头左上

方，拳心向前；右拳向右冲出，拳心向下；目视右侧。（图35）

上动不停，向左转体90度，两脚向前踮跳一步，左脚落于右脚前，两腿成左弓步；同时两拳向前后展臂冲击，右拳向前，左拳往后，两拳心向下；目视右拳。（图36）

图 33

图 34

图 35

图 36

22.连环拳

两脚不动，收右拳抱于腰间，左拳向前猛冲，拳心向下；目视左拳。（图37）

上动不停，收左拳抱于腰间，右拳向前猛冲，拳心向下；目视右拳。（图38）

图 37

图 38

23.打虎靠山

左脚向后退半步，脚尖点地，身体下沉，成左虚步；同时两拳在胸前环劈；然后右拳由内向外画弧，架于头前上方，拳心向前；左拳由内画弧，然后下栽于左膝上，拳心向后；目视前方。（图39）

24.顺步单鞭

两脚蹍地，向右转体180度，屈右膝成右弓步；同时两拳向前后展臂冲击，右拳在前，左拳在后，两拳心向下；目视右拳。（图40）

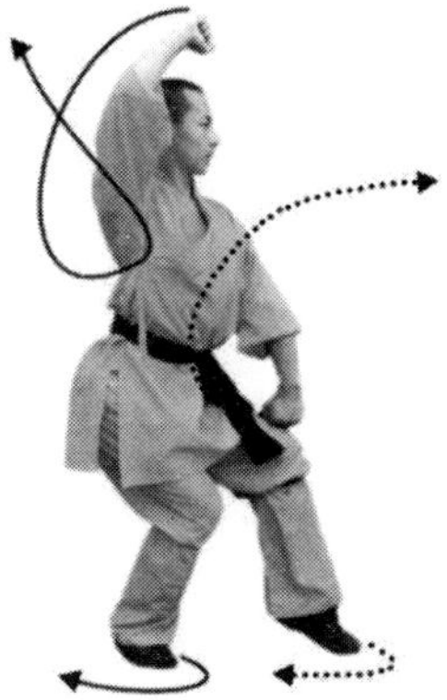

图 39

图 40

25.连环脚

左腿向前上方弹踢；同时右拳变掌，向前抓，然后变拳抱于腰间；左拳变掌向前拍打左脚面；目视左掌。（图41）

上动不停，左脚下落于右脚前一步，速抬右腿向前弹踢；同时左掌变拳抱于腰间，右拳变掌向前拍打右脚面；目视右掌。（图42）

上动不停，以左脚为轴，右腿向左摆踢，随势左转180度；右脚落地，速抬左腿向前弹踢；右掌向前撩打，左拳抱于腰间；目视前方。（图43）

图 41

图 42

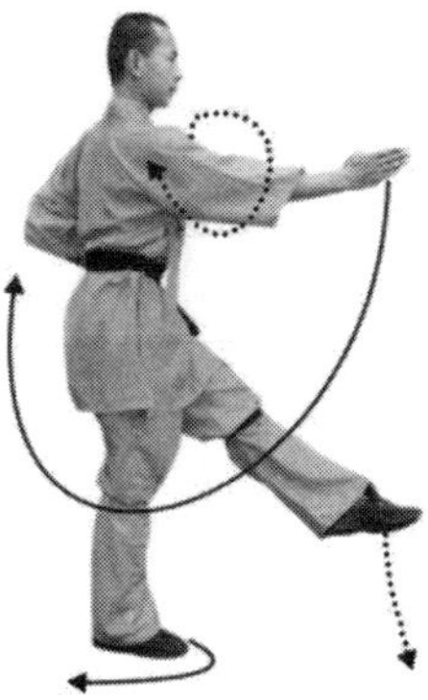

图 43

26.罗汉藏镖

左脚落于右脚前一步，向右转体90度，屈左膝成左弓步；左臂屈肘，左拳变掌，于胸前亮掌；右掌向后甩成勾手；目视前方。（图44）

27.收兵观阵

左脚内收与右脚并步，同时两掌向外上方画弧，然后变拳向下屈肘抖拳，置于腹两侧，拳心向上；目视前方。（图45）

收 势

两脚并步立正，身体挺直；同时两拳变掌，向外向上往内下方画弧，两臂下垂，五指并拢，两掌贴于大腿外侧，掌心向里；目视前方。（图46）

图 44

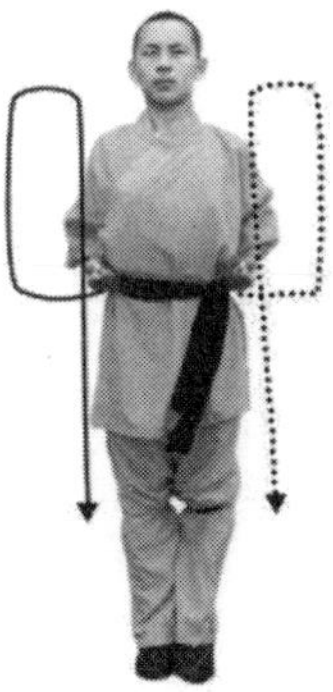
图 45

图 46